RÈGLEMENT PROVISOIRE

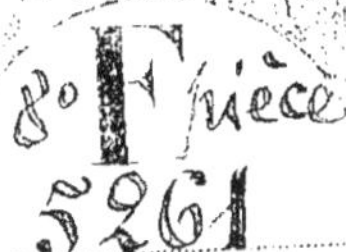

MATRICULE

DES

OFFICIERS ET ASSIMILÉS

Feuillets de punitions.

BRUXELLES

GUYOT FRÈRES, ÉDITEURS

12, rue Pachéco, 12

1912

Bruxelles. — E. Guyot, imprimeur de l'armée, rue Pachéco, 12.

RÈGLEMENT PROVISOIRE

MATRICULE

DES

OFFICIERS ET ASSIMILÉS

Feuillets de punitions.

BRUXELLES
GUYOT FRÈRES, ÉDITEURS
12, rue Pachéco, 12

1912

Droits de traduction et de reproduction réservés.

IMPRIMERIE E. GUYOT
Rue Pachéco, 12
BRUXELLES

Bruxelles, le 23 décembre 1912.

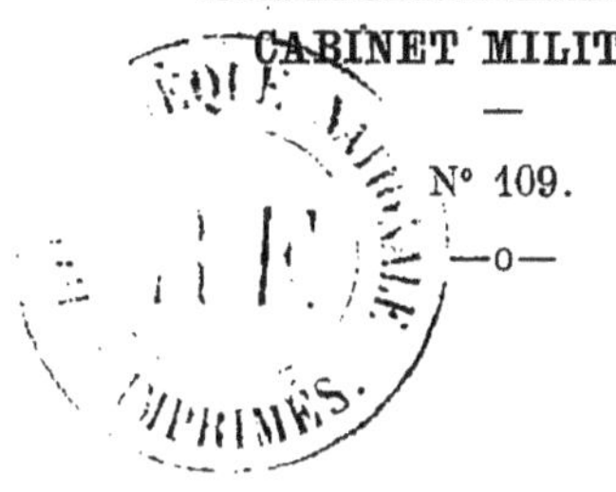

CABINET MILITAIRE.

—

N° 109.

— o —

MESSIEURS,

Conformément aux considérations exposées dans le rapport au Roi du 5 mars 1912, réservant à l'arrêté ministériel les mesures d'exécution à prendre pour réaliser les réformes décidées par les arrêtés royaux du 5 mars, nos 958 et 964;

Conformément aux stipulations contenues dans les circulaires du 2 avril 1912, Secrétariat général, nos 56, 58, 59, 60 et 61, relatives aux mesures de décentralisation prévues par le rapport au Roi et les arrêtés royaux prémentionnés;

Voulant mettre à l'essai, avant de les soumettre à la sanction royale, les mesures qui régissent l'établissement et la tenue de la matricule et des feuillets de punitions des officiers et assimilés, j'ai l'honneur de vous transmettre un exemplaire des prescriptions nouvelles, qui entreront en vigueur à la date de ce jour.

Je prie les autorités militaires relevant directement du Ministre de la guerre de me faire parvenir, pour le 20 avril 1913, leurs considérations et avis sur l'application de ces dispositions, en vue de les refondre si l'expérience en démontrait la nécessité.

A leurs avis personnels, les autorités précitées joindront les opinions des généraux et des autorités subordonnées ayant rang de chef de corps.

Toutes les dispositions antérieures relatives aux objets dont il s'agit dans le présent arrêté sont abrogées.

Le Ministre de la guerre,
Ch. de BROQUEVILLE.

A toutes les autorités militaires.
Au commandant du corps de la gendarmerie.

TABLE DES MATIÈRES.

		PAGES.
CHAPITRE I. — Registre matricule.		7
CHAPITRE II. — Feuillet matricule		9
CHAPITRE III. — Délivrance des extraits de matricu'e		13
CHAPITRE IV. — Feuillet de punitions		14
CHAPITRE V. — Délivrance des extraits de punitions		16
CHAPITRE VI. — Formulaire		17
A. — Statut		18
a. — Etat civil		18
b. — Indigénat et naturalisation.		18
c. — Légitimation, reconnaissance d'enfant, adoption		20
B. — Relation des services		21
a. — Services civils antérieurs		21
b. — Services antérieurs à la nomination comme officier ou assimilé		21
c. — Nomination aux grades inférieurs		22
d. — Services accomplis dans la position d'officier		23

    e. — Autres inscriptions 24
        Ecole de guerre 24
        Ecole militaire 24
        Corps d'état-major 24
        Stages et services d'état-major 24
        Cadre spécial 25
        Artillerie 25
        Train. 25
        Génie. 25
        Infanterie et cavalerie 26
        Etat-major des places. 26
        Services administratifs 26
        Service de santé 27
        Chefs de musique 27

C. — Campagnes, blessures, actions d'éclat, distinctions honorifiques, examens subis 28

  a. — Campagnes, blessures, actions d'éclat . . 28

  b. — Distinctions honorifiques 28

  c. — Examens subis 28

D. — Antécédents judiciaires, condamnations, incarcération et libération, remise et réduction de peine . 29

  a. — Condamnations 29

  b. — Incarcération, libération, détention préventive 29

  c. — Remise et réduction de peine 29

MODÈLES 31

CHAPITRE 1er.

REGISTRE MATRICULE.

1. — Les registres matricules (modèle A) des officiers et assimilés sont tenus au département de la guerre.

2. — Les noms, prénoms et numéros des officiers et assimilés, inscrits à la matricule, sont transcrits dans des tables alphabétiques tenues à jour.

3. — Les registres matricules et les tables alphabétiques sont conservés indéfiniment.

4. — Les noms sont inscrits en écriture ronde, en caractères grands et lisibles. On évite de former les lettres J et N, comme les lettres I et U.

Les prénoms sont inscrits en toutes lettres à la suite du nom et joints par un trait d'union.

Les particules nobiliaires précèdent les noms. Les titres, écrits de la même manière que les noms, sont mis entre parenthèses à la suite des prénoms.

Les noms commençant par une particule sont portés, dans les tables alphabétiques, à la lettre initiale de cette particule.

5. — L'inscription des services doit être nette et lisible.

6. — La relation des services accomplis antérieurement à la nomination ou à l'assimilation au grade de sous-lieutenant, les nominations et promotions aux grades supérieurs et aux emplois spéciaux, les désignations, sont inscrites dans l'*ordre chronologique*. Il en est de même des mentions relatives aux campagnes, blessures, actions d'éclat, distinctions honorifiques, examens subis, condamnations, reproduites dans la colonne à ce destinée. Les chevrons ne sont pas mentionnés à la matricule des officiers et assimilés.

7. — Les services civils antérieurs qui peuvent être comptés pour la pension doivent être relatés.

8. — A l'exception des condamnations prononcées par les tribunaux de simple police et par les tribunaux de commerce, tous les

antécédents judiciaires (1), y compris ceux existant avant la nomination au grade d'officier et avant l'entrée dans l'armée, doivent être mentionnés à la matricule, avec indication des dates des jugements. On reproduit, textuellement, les détails essentiels des condamnations, sauf ce qui est relatif aux frais.

Il en est de même des arrêts de réhabilitation.

9. — Les antécédents judiciaires antérieurs à la nomination au grade d'officier sont inscrits d'après la matricule du corps d'origine ; les autres, d'après les extraits transmis aux corps par l'auditeur général ou par les auditeurs militaires.

10. — L'incarcération, les remises ou réductions de peines, le retour au corps et la libération sont indiqués pour toutes les condamnations subies.

11. — L'incarcération préventive n'est indiquée que lorsqu'elle est suivie d'une condamnation.

12. — Les blessures ou affections graves dont les officiers sont l'objet dans l'exécution d'un service commandé et qui sont de nature à pouvoir donner lieu, par la suite, à l'ouverture d'une demande de pension, doivent être constatées et sont inscrites à la matricule.

13. — Les dispositions ministérielles, les décisions spéciales ainsi que les lois et arrêtés royaux, en vertu desquels les admissions et les mutations sont opérées, sont inscrites à la matricule, s'il en est fait mention dans le formulaire.

---

(1) Toutes les condamnations prononcées par défaut, même celles signifiées autrement qu'en parlant à la personne du condamné, doivent être inscrites à la matricule.

Toutefois, la loi du 19 mars 1908, accordant au condamné par défaut la faculté de faire opposition au jugement jusqu'à la prescription de la peine, s'il n'est établi qu'il a eu connaissance du dit jugement, une condamnation de l'espèce ne peut servir de base à aucune proposition.

CHAPITRE II.

FEUILLET MATRICULE.

14. — Le quartier-maître (1) tient une *liste nominative* (modèle B) des officiers et assimilés faisant partie du corps (2).

15. — Les officiers sont portés sur la liste nominative, dans l'ordre de leur arrivée au corps, sans considération de grade.

Les officiers de réserve sont portés sur une liste spéciale semblable.

16. — Lorsqu'un officier quitte le corps, son nom est barré légèrement à l'encre noire.

Toutefois, les noms des officiers au service de la colonie ne sont barrés que si, lors de leur rentrée dans l'armée métropolitaine, ils ne reprennent pas du service actif au corps.

Mention de leur situation spéciale est faite dans la colonne « observations » :

Le. . . . . 19.. au service de la colonie.

17. — Lorsqu'un officier est détaché du corps, mention de la date du détachement et de la rentrée est faite dans la colonne « observations » de la liste nominative.

Le. . . . . 19. . . détaché à. . . .
Le. . . . . 19. . . rentré.

18. — Il est créé, pour tout sous-lieutenant ou assimilé, nouvellement nommé, un feuillet matricule (modèle C) (3). Ce feuillet est établi :

    a) Par le quartier-maître du corps (1) dont est issu l'officier, si celui-ci ne sort pas de l'Ecole militaire ;
    b) Par l'officier payeur de l'Ecole militaire, s'il s'agit d'un officier issu de cet établissement d'instruction.

---

(1) Ou autorité qui en exerce les attributions.
(2) Cette liste sera établie à la date de la mise en vigueur de ce règlement, au moyen des registres matricules des corps qui seront, ensuite, classés dans les archives.
(3) Les feuillets matricules des officiers et assimilés, actuellement au service, seront établis conformément aux prescriptions du renvoi (2).

19. — Le feuillet matricule est immédiatement envoyé au département de la guerre, accompagné :

    a) D'un extrait d'acte de naissance, en double expédition (1) ;

    b) D'un duplicata du feuillet (sur simple feuille) signé pour « Vu et certifié exact » par l'officier ou assimilé auquel il se rapporte.

20. — Après vérification et transcription à la matricule, le feuillet, complété en ce qui concerne le numéro attribué à l'officier ou assimilé en cause, est envoyé, avec une des expéditions de l'acte de naissance, au corps auquel l'intéressé est assigné, ou, le cas échéant, à l'autorité (chef de corps) sous les ordres de laquelle il est placé.

21. — L'extrait d'acte de naissance et le dossier d'immatriculation reçus du corps d'origine (ou de l'Ecole militaire) (art. 13 du règlement : Matricule des sous-officiers et soldats) sont réunis dans une chemise en papier fort, d'un format approprié, mentionnant en caractères apparents le nom, les prénoms et le numéro de matricule de l'officier ou assimilé. A ce dossier viennent se joindre, dans la suite, toutes les pièces (actes de mariage, bulletins de condamnations, copies des brevets de nomination ou des lettres d'avis, etc.) produites à l'appui de nouvelles inscriptions matriculaires.

Ce dossier est conservé par l'autorité qui détient le feuillet (art. 22).

22. — Les feuillets matricules (2) sont tenus à jour, savoir :

    a) Pour les officiers ou assimilés appartenant, attachés ou détachés à un corps de troupe, par le quartier-maître du corps ou par l'officier qui en remplit les fonctions ;

    b) Pour les officiers généraux ne relevant pas directement du Ministre de la guerre, par l'autorité dont ils relèvent directement au point de vue du commandement (3) ;

    c) Pour les officiers faisant partie des états-majors, par les chefs d'état-major ;

    d) Pour les officiers détachés ou sans troupe, par l'autorité (troupe ou territoriale) exerçant les attributions de chef de corps dont ils relèvent directement ;

    e) Pour les autorités relevant directement du Ministre de la guerre, par ces autorités elles-mêmes ;

---

(1) Une expédition est conservée au département de la guerre.

(2) Dans les corps de troupe, ils sont conservés dans un porte-feuillet à tringle et classés dans l'ordre des numéros.

(3) Règlement : « Attributions des autorités militaires ».

f) Pour les officiers détachés dans les bureaux du département de la guerre, par le 1ᵉʳ Bureau de la 1ʳᵉ Direction générale ;

g) Pour les officiers au service de la colonie, par le directeur général de l'institut cartographique militaire.

Ces autorités ou services sont responsables des inscriptions qui sont faites aux feuillets, ainsi que des extraits qui en sont fournis.

23. — Un double du feuillet matricule est, en outre, tenu, savoir :

a) Par le chef d'état-major de l'armée, pour les officiers du cadre spécial et du cadre auxiliaire d'état-major, non détachés ou attachés à l'état-major de l'armée (1) ;

b) Par l'intendant en chef, pour les officiers des services administratifs non attachés au ministère de la guerre (1);

c) Par l'inspecteur général du service de santé, pour les officiers de santé non attachés à l'inspection générale (2) ;

d) Par le vétérinaire en chef, pour les officiers du service vétérinaire ;

e) Par le Ministre des colonies, pour les officiers au service de la colonie.

24. — Toute inscription portée au feuillet matricule doit être appuyée d'un document justificatif — soit en original, soit en copie certifiée conforme — qui est classé au dossier d'immatriculation.

25. — Le 15 du premier mois de chaque trimestre, les autorités citées à l'article 22 adressent, au département de la guerre, un relevé (modèle D) des inscriptions faites aux feuillets matricules, au cours du trimestre précédent.

A ce relevé sont annexées les pièces justifiant ces inscriptions, sauf si elles résultent d'arrêtés royaux ou ministériels, publiés au *Journal militaire officiel.*

Ces annexes sont envoyées aux autorités intéressées pour être classées au dossier d'immatriculation.

26. — A la même date, il est, éventuellement, envoyé un même relevé aux autorités citées à l'article 23, pour la mise à jour du double du feuillet matricule qu'elles détiennent.

---

(1) Le double du feuillet n'est pas tenu pour les officiers ou assimilés visés aux littéras *f* et *g* de l'article 22.

(2) Règlement : « Attributions des autorités militaires ».

27. — Lorsqu'un officier ou assimilé change de corps, son feuillet est envoyé au nouveau corps avec le dossier d'immatriculation.

Après inscription de la dernière mutation, l'autorité qui tient le feuillet signe le certificat d'exactitude pour les inscriptions dont il a la responsabilité. Il en est de même pour tout officier ou assimilé détaché dans un état-major, établissement ou service (art. 20).

28. — Lorsqu'un officier quitte définitivement l'armée (pension, démission, destitution) ou décède, son feuillet matricule est envoyé au département de la guerre, avec le dossier d'immatriculation.

29. — Aucune modification ne peut être apportée aux feuillets matricules sans une autorisation spéciale du département de la guerre.

30. — Lorsqu'on reconnaît qu'il y a eu erreur, omission ou irrégularité dans les inscriptions, une demande de rectification, appuyée des pièces justificatives nécessaires et d'un extrait de matricule (modèle E), est adressée directement au département de la guerre par l'autorité chargée de la tenue du feuillet.

31. — L'administration centrale (1re D^{on} G^{le}) fait ensuite connaître à l'autorité intéressée la décision intervenue.

La correspondance relative à ces modifications est annexée au dossier de l'officier.

CHAPITRE III.

DÉLIVRANCE DES EXTRAITS DE MATRICULE.

32. — Les extraits de matricules sont conformes aux modèles E, F, G, suivant leur destination.

Ils sont établis, datés et signés par l'autorité qui tient le feuillet matricule (art. 22).

Les extraits concernant les officiers qui ont cessé d'appartenir à l'armée, sont établis par le département de la guerre.

33. — Hormis aux autorités militaires, il n'est délivré d'extraits de matricule que :

a) Aux autorités administratives ou judiciaires qui en font la demande pour le service des tribunaux, de la milice, de la garde civique, des établissements de bienfaisance et pour l'étab'issement des droits à une pension civile ou à une distinction honorifique.

Toutefois, il n'est pas délivré d'extrait de matricule pour les officiers prévenus de contravention de simple police ;

b) Aux associations politiques et aux particuliers pour l'établissement du droit de vote ;

c) Aux personnes qui sollicitent l'admission d'un jeune homme à l'Ecole des cadets ou une bourse d'études.

34. — Les extraits à délivrer aux autorités militaires, de même que ceux destinés au service des tribunaux, pour la constatation de droits à une pension civile ou à une distinction honorifique sont établis d'après le modèle E.

35. — Les extraits délivrés pour le service de la milice et de la garde civique sont du même modèle, mais les condamnations n'y sont pas reproduites ; ils sont envoyés d'urgence aux autorités qui en font la demande.

36. — Les extraits délivrés pour servir en matière électorale sont du modèle F ; ils doivent être fournis, dans les cinq jours, gratuitement, aux autorités communales, administratives ou judiciaires ; moyennant une rétribution de 50 centimes par extrait, aux associations politiques et aux particuliers.

37. — Les extraits à fournir à l'appui des demandes d'admission à l'Ecole des cadets ou d'une bourse d'études sont établis d'après le modèle G; ils sont fournis gratuitement.

38. — Le duplicata d'un extrait destiné à établir les droits à une pension militaire ne doit être ni daté, ni signé, ni revêtu du sceau.

Il ne peut contenir aucune surcharge, ni rectification, même à l'encre rouge.

CHAPITRE IV.

FEUILLET DE PUNITIONS.

39. — Les feuillets de punitions mentionnent, dans l'ordre chronologique :

a) La nomination au grade d'officier, les promotions, les emplois spéciaux et les mutations ;

b) Les punitions, mesures disciplinaires et condamnations judiciaires ;

c) Les mises en disponibilité, en non-activité, au traitement de réforme ;

d) Le rappel à l'activité ;

e) Les congés sans solde et les rappels au service actif ;

f) Les inscriptions relatives à la désertion et à la reprise en force ;

g) Les démissions, pensions, destitutions et décès.

40. — Le feuillet de punitions renseigne toutes les punitions encourues.

41. — Les motifs des punitions doivent être libellés avec clarté, en termes concis, mais tels toutefois qu'ils permettent d'apprécier exactement la nature et la gravité des fautes commises.

42. — Les feuillets de punitions sont tenus par les autorités détentrices des feuillets matricules (art. 22), sauf pour les officiers cités au littéra *a* de cet article, dont les feuillets sont tenus par le chef de corps.

Les autorités citées à l'article 23 en tiennent un double lorsqu'elles ne possèdent pas l'original.

43. — Les feuillets de punitions sont renfermés dans un portefeuille à tringles avec fermoir à clef.

44. — Un feuillet de punitions est tenu pour chaque officier au département de la guerre.

A cet effet, les autorités, désignées ci-dessus, font parvenir au dit département, par la voie hiérarchique, au plus tard le 10 de chaque mois, un état (modèle I), renseignant les punitions infligées aux officiers pendant le mois écoulé.

Afin d'éviter toute omission, les bulletins de transmission indiquent les corps, états-majors ou établissements qui ne se sont pas trouvés dans le cas d'établir cet état.

45. — Lorsqu'un officier change de régiment, son feuillet est envoyé à son nouveau corps.

46. — Lorsqu'un officier est désigné pour un emploi en dehors du corps, son feuillet est envoyé à son nouveau chef de service, qui le renvoie au corps à la rentrée de l'officier.

47. — Les autorités sous les ordres desquelles se trouvent placés des officiers du cadre spécial et du cadre auxiliaire d'état-major, des officiers du service de santé, du service vétérinaire ou des officiers des services administratifs, adressent mensuellement, s'il y a lieu, un relevé des punitions infligées à ces officiers, respectivement au chef d'état-major de l'armée, à l'inspecteur général du service de santé, au vétérinaire en chef ou à l'intendant en chef.

48. — Les communications prescrites par les articles 44, 45, 46 et 47 sont faites sous double enveloppe, la deuxième portant pour inscription « Etats des punitions des officiers ».

49. — Les feuillets de punitions des officiers qui quittent l'armée sont envoyés au ministère de la guerre pour être joints à leur dossier personnel.

CHAPITRE V.

DÉLIVRANCE DES EXTRAITS DE PUNITIONS.

50. — Les extraits de punitions sont conformes au modèle H, renvoi (1) ; ils sont établis, datés et signés par les autorités citées à l'article 42.

51. — Les extraits de punitions ne peuvent être délivrés à aucune personne ou autorité étrangère à l'armée, sans une autorisation spéciale du département de la guerre.

Semblable autorisation est également nécessaire pour délivrer ces extraits aux intéressés eux-mêmes.

52. — Les extraits de punitions qui doivent être annexés à des propositions (avancement, distinctions honorifiques, mise en non-activité par mesure d'ordre ou au traitement de réforme) comprennent toutes les punitions encourues depuis la nomination au grade d'officier.

CHAPITRE VI.

FORMULAIRE.

N. B. 1. — Les inscriptions portées au registre matricule et au feuillet matricule sont conformes aux libellés donnés dans le présent chapitre (Formulaire).

Dans chaque colonne, elles sont insérées dans l'ordre chronologique.

N. B. 2. — Lorsque deux inscriptions sont reproduites dans une même colonne, et que la seconde se rapporte au même mois et à la même année que la précédente, on emploie pour la seconde date la formule :

Le. . . dito. . .

N. B. 3. — Sont inscrits en écriture ronde :

a) La qualité avec laquelle l'officier est entré à l'armée : élève à l'École militaire, cadet, pupille, volontaire de carrière, milicien, etc.;

b) Les dates de nominations, promotions, mutations, etc.;

c) Les grades;

d) Les emplois spéciaux : porte-drapeau, adjudant-major, aide de camp, répétiteur, instructeur, professeur, en service d'état-major, etc.

N. B. 4. — Pour les cas non prévus dans le formulaire, les mutations s'inscrivent dans les termes que portent les brevets ou lettres d'avis.

A. — **Statut**.

(Case de tête.)

a. — ÉTAT CIVIL.

53. — Si l'intéressé est célibataire, il n'en est pas fait mention à la matricule.

S'il est marié, veuf ou divorcé, cette position est inscrite en écriture ronde au bas de la première case.

Marié.

Veuf.

Divorcé.

b. — INDIGÉNAT ET NATURALISATION.

54. — Les indications relatives à la naturalisation et à la nationalité sont inscrites, à l'encre rouge, en dessous du lieu de naissance.

55. — *Le . . . . 19 . . a acquis la qualité de Belge,*

en vertu

de l'article 6 *de la loi du* 8 *juin* 1909.

de l'article 7 *id*.

de l'article 8 *id*. (des art. 8 et 14, s'il s'agit d'un mineur d'âge).

de l'article 9 *de la loi du* 8 *juin* 1909 (des art. 9 et 14, s'il s'agit d'un mineur d'âge).

de l'article 17 *de la loi du* 8 *juin* 1909 (pour la période transitoire).

de l'article 18 *de la loi du* 8 *juin* 1909 (pour la période transitoire).

des articles 4 *et* 8 *de la loi du* 6 *août* 1881 (s'il s'agit d'un mineur d'âge, ajouter : *modifiée par la loi du* 16 *juillet* 1889).

de l'article 6 *de la loi du* 25 *mars* 1894.

56. — *Le. . . . 19 . . a recouvré la qualité de Belge, en vertu de l'article* 13 *de la loi du* 8 *juin* 1909 (des art. 13 et 14, s'il s'agit d'un mineur d'âge).

57. — *Le . . . . . 19 . . a renoncé à la qualité de Belge et recouvré la nationalité . . . . . . (1), en vertu de*

---

(1) Indiquer la nationalité.

l'article 6 *de la loi du* 8 *juin* 1909 (des art. 6 et 14, s'il s'agit
d'un mineur d'âge).

58. — *Le* . . . 19 . . *a fait la déclaration prescrite
par l'article* 7 *de la loi du* 8 *juin* 1909 *pour conserver la nationalité* . . . . (1) (par les art. 7 et 14, s'il s'agit d'un mineur
d'âge; par l'art. 17, pour la période transitoire).

59. — *Le* . . . 19 . . *a perdu la qualité de Belge,
en vertu de l'article* 11 *de la loi du* 8 *juin* 1909.

60. — *Le* . . . 19 . . *a décliné la qualité de Belge,
en vertu de l'article* 12 *de la loi du* 8 *juin* 1909 (des art. 12 et 14,
s'il s'agit d'un mineur d'âge).

61. — *Le* . . . . . 19 . . *a fait acte de répudiation
de la qualité de Français.*

62. — *Le* . . . . . . 19 . . (date de l'acceptation)
a reçu la naturalisation ordinaire (ou la grande naturalisation).
Loi du . . . . 19 . .) (2).

63. — A la suite du lieu de naissance, on indique, à l'écriture
ronde et à l'encre rouge :

a) La nationalité du père, lorsqu'il est étranger ou lorsque le fils
est né en pays étranger;

b) La nationalité de la mère, si le père est de nationalité indéter-
minée et la mère belge.

Exemples :

Né à Mons d'un père français, allemand, etc.
Né à Paris d'un père belge, allemand, etc.
*Né à Mons d'un père sans nationalité déterminée et d'une mère
belge.*
*Né à Paris d'un père sans nationalité déterminée et d'une
mère belge.*

---

(1) Indiquer la nationalité.
(2) Date de la loi particulière concernant l'intéressé.

c. — LÉGITIMATION, RECONNAISSANCE D'ENFANT, ADOPTION.

64. — Si l'intéressé est enfant naturel, légitimé ou reconnu, on inscrit, à l'encre rouge, son nouveau nom au-dessus de l'ancien et l'une des annotations suivantes est faite, entre parenthèses, à la suite des prénoms :

Le . . . . 19 . . légitimé par le mariage de sa mère avec le sieur . . . . (1).

Le . . . . . 19 . . { le sieur . . . . . (1)
reconnu par . . . . . . } la dame. . . . . (1-2)

Le nouveau nom est inscrit à la table alphabétique.

65. — Si l'intéressé est adopté, on inscrit le nouveau nom à la suite de l'ancien.

---

(1) Nom prénoms.

(2) Pour qu'un enfant soit reconnu par sa mère, il ne suffit pas que le nom de celle-ci figure dans l'acte de naissance. Mention spéciale de la reconnaissance doit être faite aux registres de l'état civil, soit lors de la déclaration de naissance, soit suivant un acte authentique subséquent.

B. — **Relation des services.**

(Colonne 1.)

a. — SERVICES CIVILS ANTÉRIEURS.

66. — *Instituteur primaire le.* . . . .

Démissionné, le . . . .

b. — SERVICES ANTÉRIEURS A LA NOMINATION COMME OFFICIER OU ASSIMILÉ.

PUPILLE DE L'ARMÉE.

Arrivée à l'école.

67. — *Admis à l'école des pupilles de l'armée, comme élève, le.* . . . .
Arrivé à l'école, le . . . .

CADET.

68. — *Admis à l'école des cadets, en qualité d'élève, par décision ministérielle du* . . . . .
Arrivé à l'école, le . . . .

VOLONTAIRE DE CARRIÈRE.

69. — *Engagé dans le e régiment d. . . .(à l'école des pupilles de l'armée, à l'école des cadets), comme volontaire de carrière pour un terme de milice prenant cours le* 1er *octobre* 19.., *le.* .

MILICIEN ET VOLONTAIRE DE MILICE.

70. — *Incorporé dans le e régiment de* . . . *comme milicien (volontaire de milice) de* 19. ., *province de* . . . . .
 e *canton, commune de* . . . ., *le.* . . .
Au service actif, le. . . . .

FRÈRE SERVANT POUR UN FRÈRE.

71. — *Incorporé dans le* ᵉ *régiment d . . .pour son frère* (nom
et prénoms), milicien de . . . 19 . ., *province de* . . . . . .
ᵉ *canton, commune de* . . . ., *le* . . . .
Au service actif, le . . . .

VOLONTAIRE INCORPORÉ SUR PIÈCES.

72. — *Incorporé sur pièces, dans le* ᵉ *régiment de* . . . . *par
mesure conservatoire et suspensive, comme milicien de* . . . . 19 . .,
province de. . . . ., ᵉ *canton, commune de.* . . . *le* . .
(Avis reçu du commandant de province, le. . . . 19 . . .).* . .

ÉLÈVE DE L'ÉCOLE MILITAIRE.

73. — *Admis à l'école militaire en qualité d'élève, par décision ministérielle du* . . . .
Arrivé à l'école militaire, le . . . .
*Engagé comme volontaire de carrière pour un terme de
milice, prenant cours le.* . . . . . *conformément à l'A. R. du*
. . . . . 1902, *le.* . . . .
A renoncé aux congés pour un terme de huit (8) ans, le . . .

c) NOMINATION AUX GRADES INFÉRIEURS.

74. — *Caporal-cadet le* . . . . 19 .
Caporal (brigadier) le . . . . 19 .
*Sergent (maréchal des logis)-secrétaire, moniteur gé-
néral, le* . . . . 19 .
Sergent (maréchal des logis) le. . . . . 19 .
Sergent (maréchal des logis) fourrier, le . . . . . 19 .
*Premier sergent (premier maréchal des logis)-secrétaire,
moniteur général, le* . . . . 19 .
Premier sergent (premier maréchal des logis) le . . . 19 .
*Sergent-major (maréchal des logis chef)-secrétaire,
moniteur général, le* . . . . 19 .
Sergent-major (maréchal des logis chef) le . . . . . 19 .
*Premier sergent-major (premier maréchal des logis chef)-
secrétaire, moniteur général, le* . . . . 19 .

Premier sergent-major (premier maréchal des logis chef) le . . . . 19 .

Adjudant de matériel, artificier le . . . . 19 .

Adjudant-secrétaire, moniteur général, chef de section (peloton), le . . . . 19 .

Adjudant, le . . . . 19 .

Aspirant du service des secours (service médical, vétérinaire, pharmaceutique) le. . . . . 19 .

Auxiliaire du service des secours (service médical, vétérinaire pharmaceutique) le . . . . 19 .

d. — SERVICES ACCOMPLIS DANS LA POSITION D'OFFICIER.

75. — *Médecin adjoint*, par arrêté royal du . . . .

Attaché à l'hôpital d'Anvers, par disposition ministérielle du . . .

Attaché au régiment du génie, par disposition ministérielle du . .

En *disponibilité*, par arrêté royal du . . . .

En *non-activité pour infirmité contractée* (ou *non contractée*) à *l'occasion du service* ou *par mesure d'ordre*, par arrêté royal du.

Au *traitement de réforme*, par arrêté royal du . . . . . .

Placé dans la position de *non-activité pour infirmité contractée* (ou *non contractée*) à *l'occasion du service* ou *par mesure d'ordre*, par arrêté royal du. . . . .

Rappelé à l'activité, par arrêté royal du . . . .

Prend rang d'ancienneté du (date à l'encre rouge), désigné pour le 8e régiment de ligne, par disposition ministérielle du . . . .

En congé sans solde le . . . .

Rentré au service actif le . . . .

Prend rang d'ancienneté du (*comme pour l'officier rappelé à l'activité*) . . . .

Manquant le . . . .

En arrière de rejoindre le . . . .

Réputé déserteur le . . . .

Repris en force le. . . . .

Démissionné, sur sa demande, par arrêté royal du. . . . . .

Démissionné d'office (1), par arrêté royal du . . . .

Admis à faire valoir ses droits à la pension de retraite, par arrêté royal du . . . .

---

(1) Pour les officiers de réserve (art. 8 de la loi du 18 avril 1905).

Pensionné, par arrêté royal du . . . .
Décédé, à Bruges, le. . . . .
Déchu, le . . . .

e. — AUTRES INSCRIPTIONS.

ÉCOLE DE GUERRE.

76. — Admis à l'école de guerre, par disposition ministérielle
du (1) . . . .
Adjoint d'état-major, par arrêté royal du . . . .
Rentré au régiment *ou* en stage au . . . régiment d. . . . .
    par disposition ministérielle du. . . . .
Professeur du cours d'histoire militaire, à l'école de guerre, par
    arrêté royal du. . . . .
Professeur suppléant du cours d'histoire militaire à l'école de
de guerre, par arrêté royal du . . . .

ÉCOLE MILITAIRE.

77. — *Élève sous-lieutenant*, par arrêté royal du. . . . . .
Désigné provisoirement pour l'artillerie *ou* le génie, par décision
    ministérielle du. . . . .
Admis définitivement dans l'artillerie *ou* le génie, par arrêté royal
    du. . . . .
Désigné pour le. . . régiment d'artillerie *ou* du génie, par dis-
    position ministérielle du. . . . .
Professeur du cours de topographie, à l'école militaire, par arrêté
    royal du . . . .
Répétiteur du cours de mécanique, à l'école militaire, par arrêté
    royal du. . . . .
Inspecteur des études, à l'école militaire, par arrêté royal du . .

Corps d'état-major.

STAGES ET SERVICES D'ÉTAT-MAJOR.

78. — Attaché au cabinet du Ministre de la guerre, par disposition
    ministérielle du . . . .
Secrétaire du cabinet du Ministre de la guerre, par arrêté minis-
    tériel du. . . . .
Chef du cabinet du Ministre de la guerre, par arrêté royal du . .

---

(1) Cette mutation est commune à tous les officiers admis à suivre les
cours de l'école.

En stage, en service d'état-major, à l'état-major de l'armée, de
la   e division de cavalerie, de la position fortifiée de . . . .
par disposition ministérielle du. . . . .

CADRE SPÉCIAL.

79. — *Capitaine en second* d'état-major, par arrêté royal du . .
Attaché à l'état-major de l'armée, par disposition ministérielle du .
Attaché au ministère de la guerre, par disposition ministérielle du .
Adjoint à l'état-major de la. . . division d'armée, ou de la
    . . . division de cavalerie, par disposition ministérielle du .
Sous-chef d'état-major . ⎫
Chef de section. . . . ⎬ par arrêté royal du . . . . . .
Chef d'état-major . . . ⎭
Désigné par disposition ministérielle du . . . , pour . . . . .

ARTILLERIE.

80. — *Sous-lieutenant*, par arrêté royal du. . . . .
Désigné pour le. . . régiment d'artillerie, par disposition minis-
    térielle du . . . .
Détaché à la manufacture d'armes, à l'école de pyrotechnie, au
    ministère de la guerre, à l'inspection générale de l'artillerie, etc.,
    par disposition ministérielle du. . . . .
Sous-lieutenant comptable du matériel, par arrêté royal du . .
Attaché au. . . secteur de la position fortifiée de. . . . .
    par disposition ministérielle du. . . . .
Attaché à la fonderie de canons, par disposition ministérielle du .

TRAIN.

81. — *Sous-lieutenant* au régiment du train, par arrêté royal du.

GÉNIE.

82. — *Sous-lieutenant*, par arrêté royal du . . . .
Adjoint au commandement du génie de . . . ., par disposition
    ministérielle du . . . .
Détaché à l'école militaire, au ministère de la guerre, à l'inspection
    générale du génie, etc., par disposition ministérielle du . . .
Désigné pour être adjoint au commandant du génie, de . . ,
    par disposition ministérielle du. . . . . ,

Adjoint au commandement du génie de forteresse de la position fortifiée de. . . ., par disposition ministérielle du . . . . .
Adjoint au commandement du génie du 2ᵉ secteur nord du camp
retranché d'Anvers ou de la 2ᵉ ligne est d'Anvers, par disposition ministérielle du . . . .
Commandant du génie de . . ., par disposition ministérielle du .

INFANTERIE ET CAVALERIE.

83. — *Sous-lieutenant*, par arrêté royal du . . . .
Désigné pour passer en son rang et ancienneté dans la cavalerie, par
arrêté royal du. . . . .
Désigné pour le. . . régiment de . . . . ., par disposition
ministérielle du . . . .
Détaché à l'école d'équitation en qualité d'élève ou d'officier
instructeur le . . . .
Détaché à l'école militaire, au ministère de la guerre, etc., par disposition ministérielle du. . . . .

ÉTAT-MAJOR DES PLACES.

84. — *Sous-lieutenant de place*, par arrêté royal du. . . . . .
Attaché à l'état-major de la place de . . ., par disposition ministérielle du . . . .
Secrétaire-archiviste du commandant de la province de . . . ., ou
à l'état-major de la . . . . circonscription militaire, par disposition ministérielle du. . . . .

SERVICES ADMINISTRATIFS.

85. — *Sous-lieutenant payeur*, par arrêté royal du. . . . . .
Attaché au . . . régiment de. . . ., par disposition minis-
térielle du . . . .
Capitaine en premier quartier-maître, par arrêté royal du. . .
Attaché au. . . régiment de. . . , par disposition ministé-
rielle du. . . . .

86. — *Officier d'administration de 4ᵉ classe*, par arrêté royal du.
Attaché à l'hôpital, à la boucherie, etc., de. . . . ., par disposition ministérielle du . . . .
Chargé de la gestion de l'hôpital de . . . . ., par disposition
ministérielle du . . . .

Désigné pour diriger la meunerie, la boulangerie, la boucherie ou
le magasin des fourrages de. . . . ., par disposition ministérielle du . . . .
Sous-intendant de 3e *classe,* par arrêté royal du . . . .
Adjoint à l'intendant en chef, divisionnaire, de position fortifiée,
au chef du service de l'ordonnancement, par disposition ministérielle du. . . . .
Intendant de 2e classe, par arrêté royal du . . . .
Intendant divisionnaire de la   e division d'armée, par disposition
ministérielle du . . . .

SERVICE DE SANTÉ.

87. — *Médecin adjoint,* par arrêté royal du . . . .
Attaché à l'hôpital de. . . . . ., par disposition ministérielle du.
Attaché au. . . régiment de. . . . . ., par disposition minis-
térielle du . . . .

CHEFS DE MUSIQUE.

88. — Commissionné en qualité de *chef de musique,* assimilé
aux *sous-lieutenants,* par arrêté royal du. . . . .

C. — **Campagnes, blessures, actions d'éclat, distinctions honorifiques, examens subis.**

(Colonne 2.)

a. — CAMPAGNES, BLESSURES, ACTIONS D'ÉCLAT.

89. — *Cam-* { 19 . *en Belgique.*
pagne. { 19 . *aux colonies.*
Blessé (1) *à . . . . . ., le . . . . 19 .*
Cité à l'ordre du jour le. `. . . . . . . 19 .`
pour . . . .

b. — DISTINCTIONS HONORIFIQUES.

90. — L'obtention de distinctions honorifiques est mentionnée, avec le motif.

Décoration civique de 1re (2e, 3e, 4e, 5e) *classe pour . . . .*
. . . . . . (2) par A. R. du. . . . .
Mention honorable pour . . . . (2).
par A. R. du. . . . . . .
Décoration militaire de 2e (1re) *classe pour ancienneté de bons services, par arrêté du commandant de la division (3) en date du . . . .*
Décoration militaire de 2e (1re) *classe pour services exceptionnels, ou pour acte de courage ou de dévouement, par A. R. du. . . . .*
Croix militaire de 2e (1re) *classe par A. R. du. . . . . . .*
Chevalier de l'ordre de la Couronne par A. R. du . . . . .
Chevalier de l'ordre de Léopold par A. R. du . . . .
Officier (commandeur, grand officier) de l'ordre de Léopold (de l'ordre de la Couronne) par A. R. du . . . .

91. — Les décorations et les médailles étrangères sont inscrites d'après les mêmes formules.

c. — EXAMENS SUBIS.

Les examens subis, dans le grade d'officier, seront mentionnés dans l'ordre chronologique.

---

(1) Genre et provenance de la blessure.
(2) Pour acte de courage ou de dévouement, ou pour services rendus à l'occasion de maladies épidémiques.
(3) Ou autorité qui en exerce les attributions.

D. — Antécédents judiciaires, condamnations, incarcération et libération, remise et réduction de peine.

(Colonne 3)

a. — CONDAMNATIONS.

92. — *Le . . . : . 19 . . condamné*

par { *le tribunal correctionnel de . . . .*
le Conseil de guerre de la province de .
la Cour militaire,
etc , etc.

à 26 francs d'amende, ou . . . . jours d'emprisonnement subsidiaire.
à . . . jours . . . mois . . . ans d'emprisonnement,

Du chef de { *injures verbales, offenses par paroles, envers un supérieur en grade.*
provocation au duel,
etc., etc.

CONDAMNATION CONDITIONNELLE.

93. — *Le . . . . . 19 . . condamné conditionnellement par le . . . à . . . du chef de . . . (sursis . . . ans).*

RÉHABILITATION.

94. — *Réhabilité . . . . . (arrêt de la Cour d . . en date du . . . .).*

b. — INCARCÉRATION ET LIBÉRATION, DÉTENTION PREVENTIVE.

95. — L'inscription des condamnations est suivie, éventuellement, de celle relative à l'exécution de la peine encourue.

Les dates d'incarcération et de rentrée sont inscrites de la façon suivante, quels que soient l'espèce et le lieu de détention.

A été détenu du . . . . . au . . . . . . 19 . .
(le cas échéant : et du . . . . au . . . . . 19 . .).

c. — REMISE ET RÉDUCTION DE PEINE.

96. — *A obtenu une réduction de peine de . . . . . mois (A. R. du . . . 19).*
A obtenu remise du restant de sa peine (A. R. du . . 19 .).

MODÈLES [1]

Numéro de la matricule.

Modèle **A** .

(Art. 1ᵉʳ.)

(3)...... (a) Fils de et de né le à , province	
(1) RELATION DES SERVICES.	CAMPAGNES, BLESSURES, ACTIONS D'ÉCLAT, (2) DISTINCTIONS HONORIFIQUES, EXAMENS SUBIS.
(4)	

(a) Case de tête.   }
(1) Colonne 1.   } Voir Chapitre VI. — *Formulaire*.
(2) Colonne 2.   }
(3) Nom et prénoms.
(4) Dates.

3

(1) RELATION DES SERVICES.	CAMPAGNES, BLESSURES, ACTIONS D'ÉCLAT, (2) DISTINCTIONS HONORIFIQUES, EXAMENS SUBIS.
	ANTÉCÉDENTS JUDICIAIRES. CONDAMNATIONS. (3)

(3) Colonne 3 — Voir chapitre VI. — *Formulaire.*

Modèle **B**.

(Art. 14.)

^e Division.

^o Brigade.

Régiment d

LISTE nominative des officiers et assimilés faisant partie du corps.

NOMS et PRÉNOMS.	1) Date d'arrivée. 2) En quelle qualité.	1) Date de départ. 2) En quelle qualité.	Observations.
X.	1) le......19... venu du 13e de ligne. 2) Sous-lieuten^t.	1) Le ......19.. passé au 8e de ligne. 2) Lieutenant.	
Y.	1) Le......19.. venu du 7e de ligne. 2) Capitaine commandant.	1) Le......19.. passé au cadre de réserve. 2) Capitaine commandant.	

<table>
<tr><td>Numéro
de la matricule

. . . .</td><td style="text-align:center">ARMÉE BELGE (1).

FEUILLET MATRICULE.</td><td style="text-align:right">Modèle C.
—
(Art. 18.)
—</td></tr>
</table>

(2) . . . .
fils de
et de
né le
à   , province

RELATION DES SERVICES.	CAMPAGNES, BLESSURES, ACTIONS D'ÉCLAT, DISTINCTIONS HONORIFIQUES, EXAMENS SUBIS.

T. S. V. P.

(1) Dans la gendarmerie, cet en-tête est remplacé par :
    « Royaume de Belgique. »
    « Gendarmerie nationale. »
(2) Nom et prénoms.
N. B. — Le feuillet matricule est établi sur papier de première qualité ;
la marge, formant onglet, est entoilée et percée de deux œillets dont le
centre est à 0ᵐ07 du milieu de la feuille.

RELATION DES SERVICES.		CAMPAGNES, BLESSURES, ACTIONS D'ÉCLAT, DISTINCTIONS HONORIFIQUES, EXAMENS SUBIS.

RELATION DES SERVICES.	ANTÉCÉDENTS JUDICIAIRES, CONDAMNATIONS.

CERTIFICATS D'EXACTITUDE.	SIGNATURES du QUARTIER-MAITRE (1).
Certifié exact, pour les inscriptions effectuées du................ au....................... du................, au......................	

(1) Ou autorité qui en exerce les attributions.

ᵉ Division.

ᵉ Brigade.

Annexes.

Régiment d

Modèle **D**.

(Art. 25.)

ᵒ trimestre 19 .

RELEVÉ des inscriptions effectuées
aux feuillets matricules des officiers et assimilés.

Nᵒˢ de matricule.	NOMS et PRÉNOMS.	Libellé des inscriptions.	Observations.
	A.	Marié.	Ci-joint un extrait d'acte de mariage en double expédition (1).
	B.	Le .....19 , condamné par le conseil de guerre de la province de Brabant à un mois d'emprisonnement pour offenses par paroles envers un supérieur en grade.	Ci-joint bulletin de condamnation.
	C	Veuf.	Ci-joint l'acte de décès de la femme, en double expédition (1).
	D.	Lieutenant par A.R. du .	Brevet de nomination émanant du département de la guerre (non annexé).
	E.	Désigné pour le ..ᵒ régiment de..........par disposition ministérielle du....	Lettre d'avis émanant du département de la guerre (non annexée).

A , le 19 .

Le Quartier-Maître (2),

---

(1) Une expédition en est conservée au département de la guerre pour les besoins de la comptabilité de la Caisse des veuves et orphelins.
(2) Ou autorité qui en exerce les attributions.

° Division.
—
° Brigade.
—
N° ......
de la matricule.

Régiment d
—

EXTRAIT DE MATRICULE.

(1)........ fils de et de né le à , province	
DÉTAIL DES SERVICES.	**CAMPAGNES, BLESSURES, ACTIONS D'ÉCLAT, ACTES DE DÉVOUEMENT, DÉCORATIONS, CONDAMNATIONS.**

A   , le   19

Le Quartier-Maître (2),

____

(1) Nom et prénoms.
(2) Ou autorité qui en exerce les attributions.

° DIVISION.

° BRIGADE.

N°
de la matricule.
van het stamboek.

Régiment d

MODÈLE **F**.

MODEL **F**.

(Art. 32 et 36.)

EXTRAIT de matricule des officiers, *délivré conformément aux lois électorales.*

UITTREKSEL uit het stamboek der officieren, *afgeleverd overeenkomstig de kieswetten.*

NOM ET PRÉNOMS. — *Naam en Voornamen.*	Date et lieu de naissance. — *Datum en plaats der geboorte.*	Dernière nomination. — *Laatste benoeming.*	Lieu de garnison à la date du......... — *Garnizoenplaats aan den datum.........*	OBSERVATIONS. — *Opmerkingen.*

Pour extrait conforme,
Voor gelijkvormig uittreksel,

A   , le   19

Le Quartier-Maître (1),
De Kwartier-Meester (1),

(1) Ou autorité qui délivre l'extrait.
(1) *Of overheid die het uittreksel aflevert.*

° Division.

° Brigade.

N°..de la matricule

Modèle **G.**

(Art. 32 et 37.)

Régiment a

EXTRAIT de matricule des officiers délivré pour (1)

NOM ET PRÉNOMS.	Date et lieu de naissance.	État civil.	Dernière nomination.	Observations.

Pour extrait conforme,

A   , le   19   .

Le Quartier-Maître (2),

(1) L'admission à l'école des cadets, l'obtention d'une bourse d'études, etc.
(2) Ou autorité qui délivre l'extrait.

Numéro de la matricule

....

Modèle **H.**

(Art. 39 et 50.)

FEUILLET DE PUNITIONS (1)

du nommé (2)...

		PUNITIONS.		
DATES.	Par qui infligées. (3)	Punitions et mesures disciplinaires.		MOTIFS.

(1) L'extrait de punitions est du même modèle, mais l'en-tête est remplacé par : *Extrait de punitions relatif au nommé* (nom, prénoms et grade).
(2) Nom et prénoms.
(3) Noms, grades et fonctions.
N. B. — Le feuillet de punitions est établi sur papier de première qualité; la marge, formant onglet, est entoilée et percée de deux œillets dont le centre est à 0^{m}07 du milieu de la feuille.

PUNITIONS.			
DATES.	Par qui infligées.	Punitions et mesures disciplinaires.	MOTIFS.

⁰ Division.

⁰ Brigade.

Régiment d

Modèle **I**

(Art: 44.)

Mois de
. . . .

ÉTAT des punitions infligées aux officiers.

NOMS et PRÉNOMS.	GRADES.	Date de la punition.	Par qui infligée.	Punitions et mesures disciplinaires.	MOTIFS.

        le   19 .

Le Chef de corps (1),

---

(1) Ou autorité qui en exerce les attributions.

Nº 14602. — Bruxelles. — E. Guyot, imprimeur de l'armée, rue Pachéco, 12

BRUXELLES — GUYOT FRÈRES, ÉDITEURS
12, RUE PACHÉCO, 12